Impressum
Verlag: BABADADA GmbH, Nedderfeld 112 , 22529 Hamburg
Geschäftsführer / Verlagsleitung: Harald Hof
Druck: Books on Demand GmbH, In de Tarpen 42, 22848 Norderstedt

Imprint
Publisher: BABADADA GmbH, Nedderfeld 112 , 22529 Hamburg, Germany
Managing Director / Publishing direction: Harald Hof
Print: Books on Demand GmbH, In de Tarpen 42, 22848 Norderstedt

学校

colegio

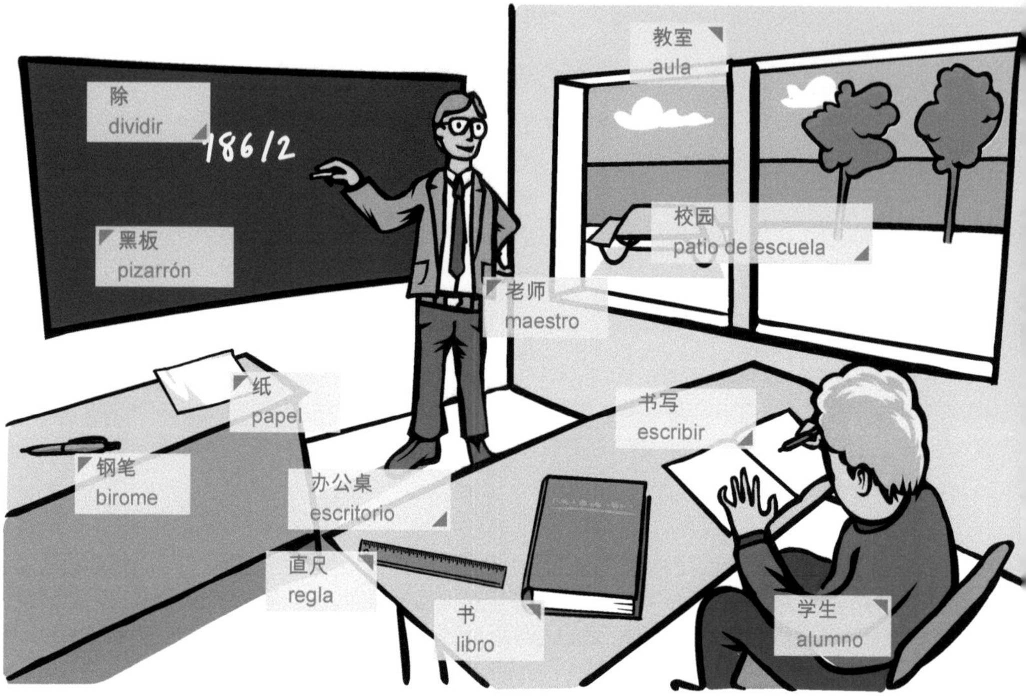
教室
aula
除
dividir
186/2
黑板
pizarrón
老师
maestro
校园
patio de escuela
纸
papel
钢笔
birome
书写
escribir
办公桌
escritorio
直尺
regla
书
libro
学生
alumno

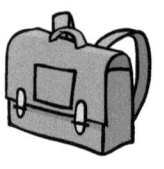

书包

mochila

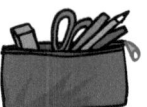

铅笔盒

caja de lápices

铅笔

lápiz

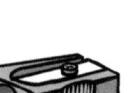

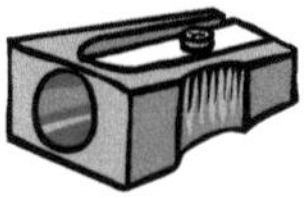

卷笔刀

sacapuntas

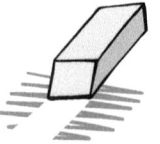

橡皮擦

goma (de borrar)

画板

bloc de dibujo

图画

dibujo

画笔

pincel

颜料盒

caja de pinturas

剪刀

tijera

胶水

pegamento

练习册

cuaderno de ejercicios

家庭作业

tarea

12

数字

número

2+2

加

sumar

5-2

减

restar

2×2

乘

multiplicar

计算

calcular

A

字母

letra

ABCDEFG
HIJKLMN
OPQRSTU
VWXYZ

字母表

abecedario

字

palabra

课文

texto

读

leer

粉笔

tiza

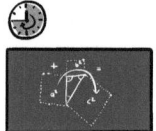

上课

lección

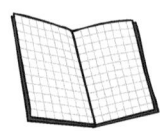

登记

cuaderno de clase

考试

examen

证书

certificado

校服

uniforme escolar

教育

educación

百科全书

enciclopedia

大学

universidad

显微镜

microscopio

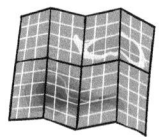

地图

mapa

废纸筐

tacho (de basura)

旅行
viaje

酒店
hotel
Grand
青年旅社
hostel
ROOMS
EXCHANGE
外币兑换处
casa de cambio
手提箱
valija
汽车
auto

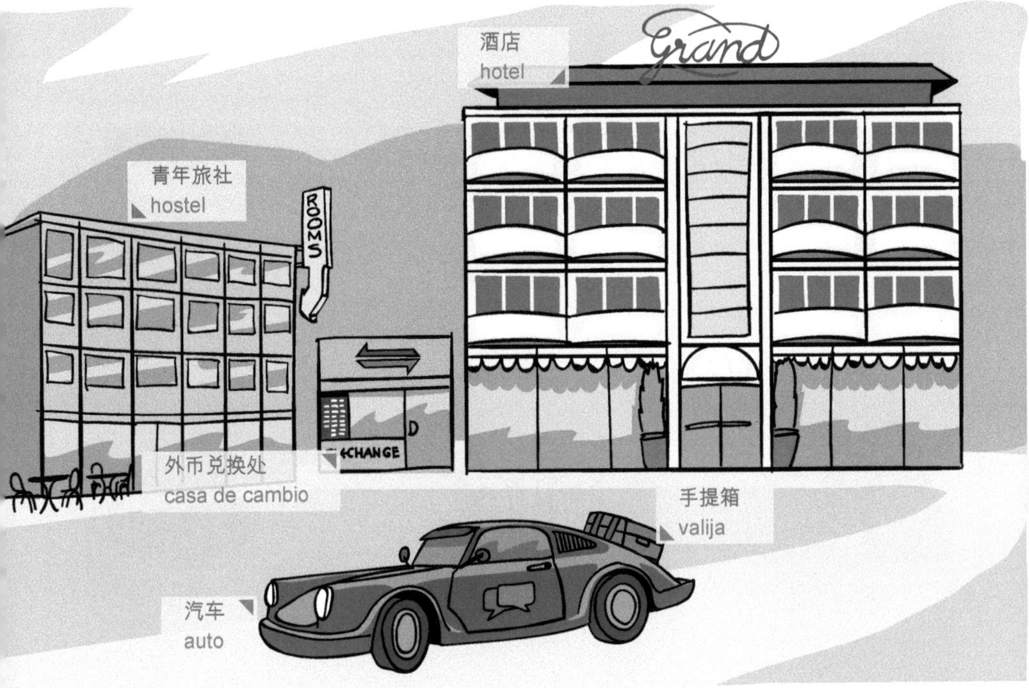

语言
idioma

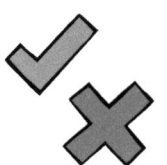

是/否
sí / no

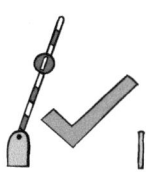

好的
Está bien

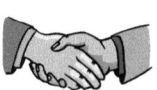

您好
hola

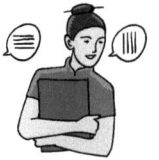

翻译员
traductor

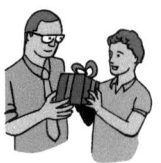

谢谢
Gracias

……多少钱？

¿cuánto cuesta…?

我不明白

No entiendo

问题

problema

晚上好！

¡Buenas tardes!

早上好！

¡Buenos días!

晚安！

¡Buenas noches!

再见

adiós

方向

dirección

行李

equipaje

包

bolso

双肩包

mochila

客人

invitado

房间

habitación

睡袋

bolsa de dormir

帐篷

carpa

旅游信息

información turística

海滩

playa

信用卡

tarjeta de crédito

早餐

desayuno

午餐

almuerzo

晚餐

cena

票

pasaje

电梯

ascensor

邮票

sello

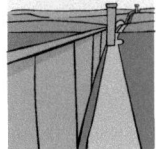

边界

frontera

海关

aduana

大使馆

embajada

签证

visa

护照

pasaporte

交通运输
transporte

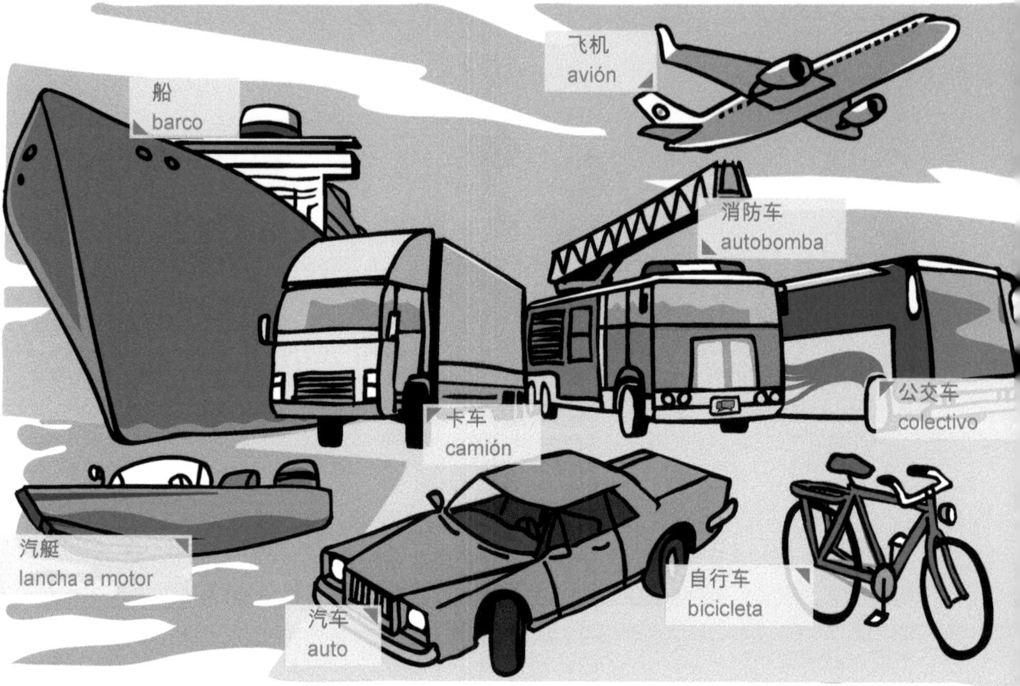

飞机
avión
船
barco
消防车
autobomba
卡车
camión
公交车
colectivo
汽艇
lancha a motor
自行车
bicicleta
汽车
auto

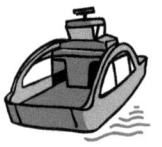

摆渡船

ferry

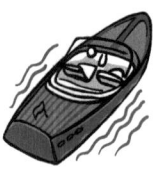

小船

bote

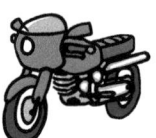

摩托车

moto

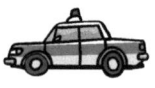

警车

patrullero

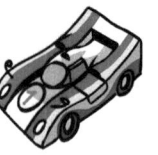

赛车

auto de carreras

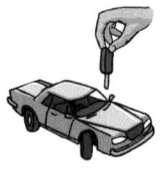

租车

auto de alquiler

拼车

alquiler de autos

拖车

grúa

垃圾车

camión de basura

发动机

motor

汽油

nafta

加油站

estación de servicio

交通标志

señal de tránsito

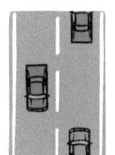

交通

tránsito

交通堵塞

embotellamiento

停车场

estacionamiento

火车站

estación de tren

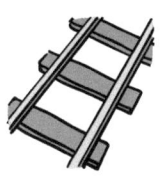

轨道

vías

火车

tren

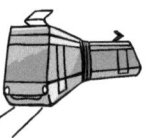

电车

tranvía

货车

vagón

直升机

helicóptero

机场

aeropuerto

塔

torre

乘客

pasajero

集装箱

contenedor

纸板箱

caja de cartón

手推车

carretilla

篮子

canasta

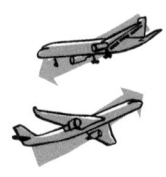

起飞/降落

despegar / aterrizar

城市

ciudad

村庄

pueblo

市中心

centro de ciudad

房子

casa

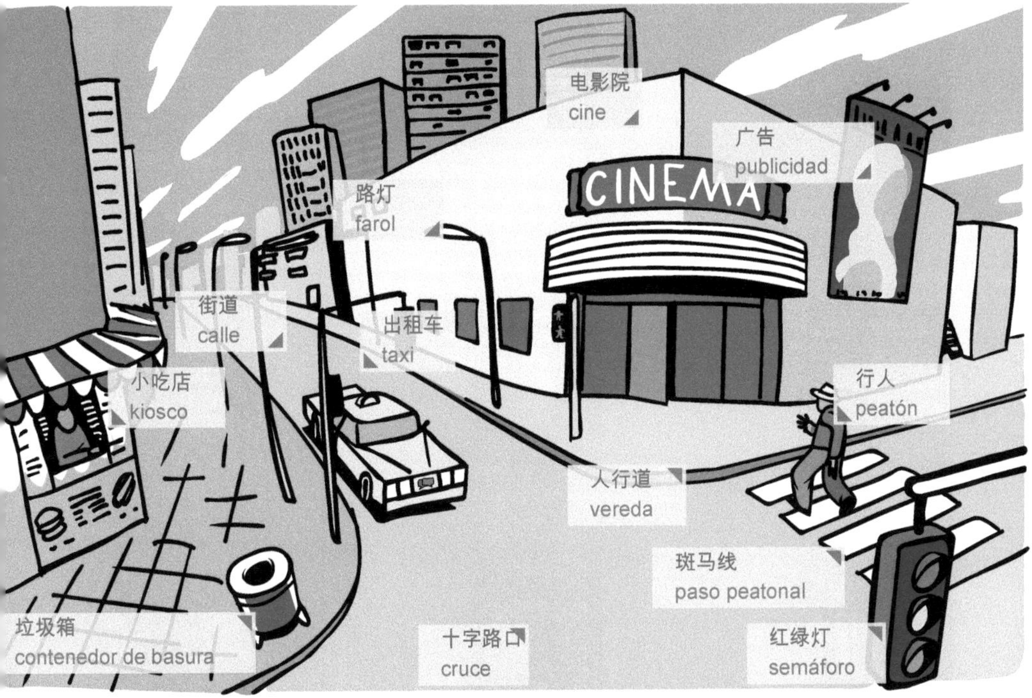

电影院
cine

广告
publicidad

路灯
farol

街道
calle

出租车
taxi

行人
peatón

小吃店
kiosco

人行道
vereda

斑马线
paso peatonal

垃圾箱
contenedor de basura

十字路口
cruce

红绿灯
semáforo

小屋
cabaña

公寓
departamento

火车站
estación de tren

市政厅
municipalidad

博物馆
museo

学校
colegio

城市 - ciudad

大学

universidad

银行

banco

医院

hospital

酒店

hotel

药房

farmacia

办公室

oficina

书店

librería

商店

negocio

花店

florería

超市

supermercado

市场

mercado

百货商店

grandes tiendas

鱼店

pescadería

购物中心

centro comercial

海港

puerto

公园

parque

长凳

banco

桥

puente

楼梯

escaleras

地铁

subte

隧道

túnel

公交车站

parada del colectivo

酒吧

bar

餐馆

restaurante

邮筒

buzón

路标

letrero

停车计时器

parquímetro

动物园

zoológico

游泳馆

pileta

清真寺

mezquita

农场

granja

污染

contaminación

墓地

cementerio

教堂

iglesia

操场

juegos infantiles

寺庙

templo

地形

paisaje

树叶
hoja

指示牌
poste indicador

路
camino

草地
pradera

石头
piedra

树
árbol

徒步旅行者
excursionista

河
río

草
hierba

花
flor

峡谷
valle

山
montaña

湖
lago

森林
bosque

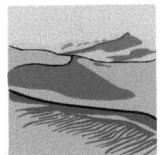

沙漠
desierto

火山
volcán

城堡
castillo

彩虹
arco iris

蘑菇
champiñón

棕榈树
palmera

蚊子
mosquito

苍蝇
mosca

蚂蚁
hormiga

蜜蜂
abeja

蜘蛛
araña

甲虫

escarabajo

青蛙

rana

松鼠

ardilla

刺猬

erizo

野兔

liebre

猫头鹰

lechuza

鸟

pájaro

天鹅

cisne

野猪

jabalí

鹿

ciervo

麋鹿

alce

水坝

presa

风力发电机

aerogenerador

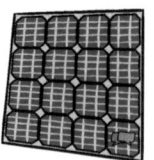

太阳能电池板

panel solar

气候

clima

餐馆

restaurante

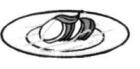

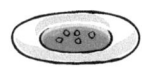

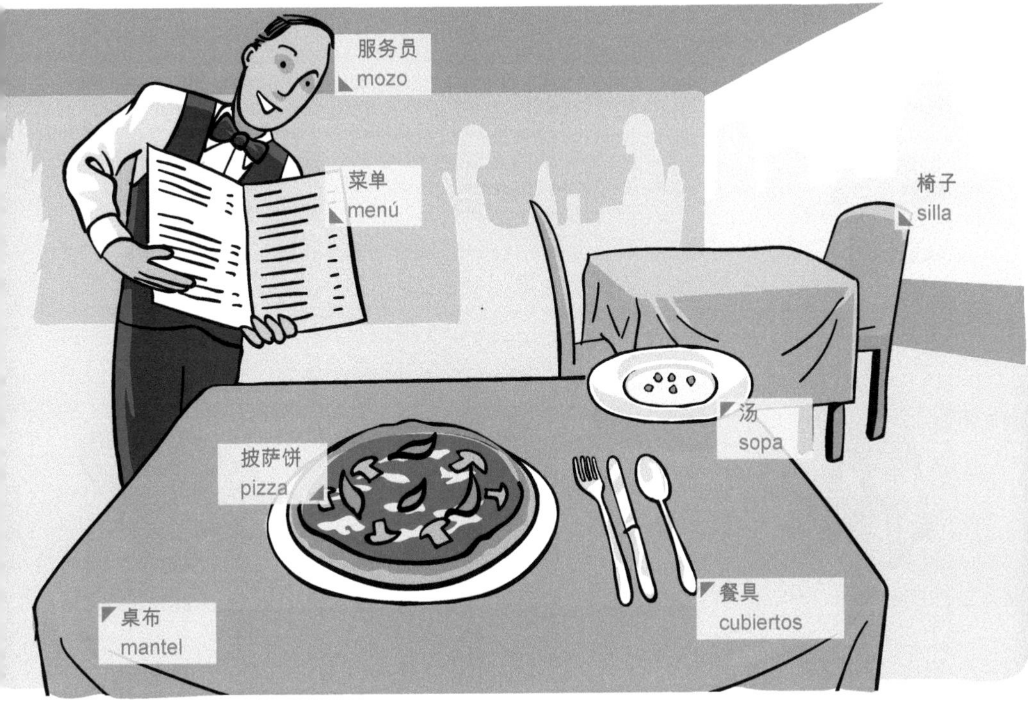
服务员
mozo
菜单
menú
椅子
silla
汤
sopa
披萨饼
pizza
餐具
cubiertos
桌布
mantel

前菜

entrada

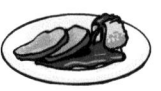

主菜

plato principal

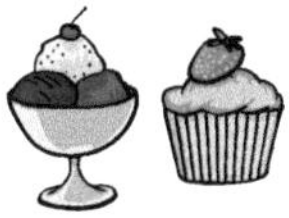

甜点

postre

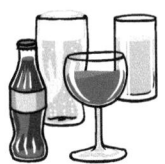

饮料

bebidas

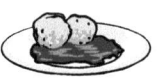

食物

comida

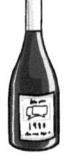

瓶子

botella

快餐

comida rápida

街边小吃

comida callejera

茶壶

tetera

糖盒

azucarera

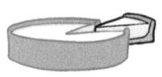

一份饭菜

porción

意式咖啡机

cafetera expreso

高脚椅

sillita alta

账单

cuenta

托盘

bandeja

刀

cuchillo

餐叉

tenedor

勺子

cuchara

茶匙

cucharita

餐巾

servilleta

玻璃杯

vaso

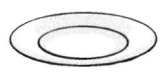

碟子

plato

汤盘

plato hondo

碟子

plato

酱

salsa

盐瓶

salero

胡椒磨

molinillo de pimienta

醋

vinagre

食用油

aceite

调味料

especias

番茄酱

kétchup

芥末

mostaza

蛋黄酱

mayonesa

超市

supermercado

特价
oferta especial
FOR
顾客
cliente
乳制品
lácteos
水果
fruta
购物车
changuito

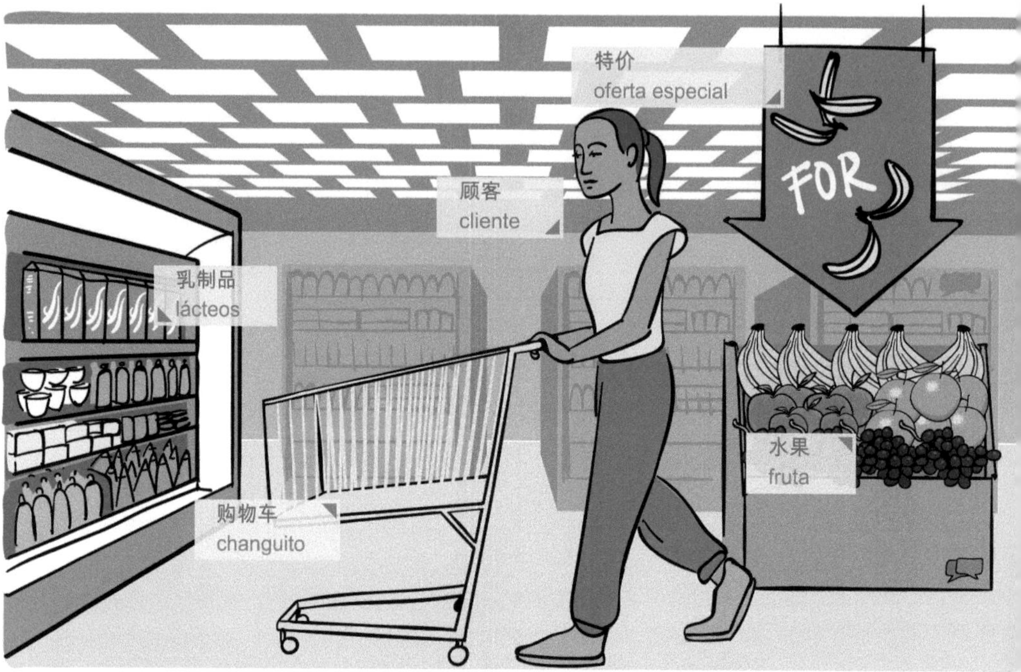

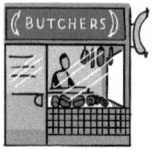

BUTCHERS

肉铺

carnicería

BAKERY

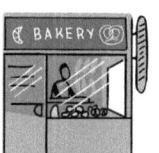

面包房

panadería

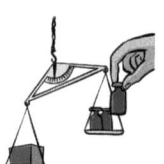

称重

pesar

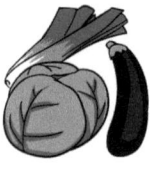

蔬菜

verduras

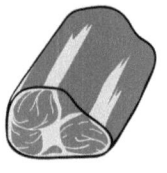

肉

carne

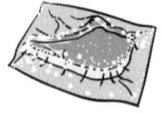

冷冻食品

alimentos congelados

冷盘

fiambres

罐头食品

alimentos enlatados

洗衣粉

detergente en polvo

甜食

golosinas

日用品

electrodomésticos

清洁用品

productos de limpieza

销售员

vendedora

收银机

caja

收银员

cajero

购物清单

lista de compras

开放时间

horario de atención

钱包

billetera

信用卡

tarjeta de crédito

袋子

cartera

塑料袋

bolsa de plástico

水

agua

果汁

jugo

牛奶

leche

可乐

bebida cola

红酒

vino

啤酒

cerveza

酒

alcohol

可可

cacao

茶

té

咖啡

café

意式浓缩咖啡

café expreso

卡布奇诺

cappuccino

香蕉

banana

苹果

manzana

橙子

naranja

西瓜

melón

柠檬

limón

胡萝卜

zanahoria

大蒜

ajo

竹子

bambú

洋葱

cebolla

蘑菇

champiñón

坚果

nueces

面条

fideos

意大利面条

tallarines

米饭

arroz

沙拉

ensalada

薯条

papas fritas

炸土豆

papas fritas

披萨饼

pizza

汉堡包

hamburguesa

三明治

sándwich

炸猪排

churrasco

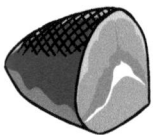

火腿

jamón

萨拉米

salame

香肠

salchicha

鸡肉

pollo

烤肉

asado

鱼

pescado

燕麦片

copos de avena

穆兹利

muesli

玉米片

copos de maíz

面粉

harina

羊角面包

medialuna

面包卷

pancito

面包

pan

烤面包

tostada

饼干

galletitas

黄油

manteca

凝乳

cuajada

蛋糕

torta

蛋

huevo

煎蛋

huevo frito

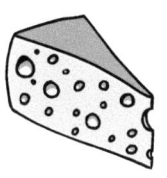

奶酪

queso

食物 - comida

冰激凌

helado

糖

azúcar

蜂蜜

miel

果酱

mermelada

巧克力酱

pasta de chocolate

咖喱饭

curry

农场
granja

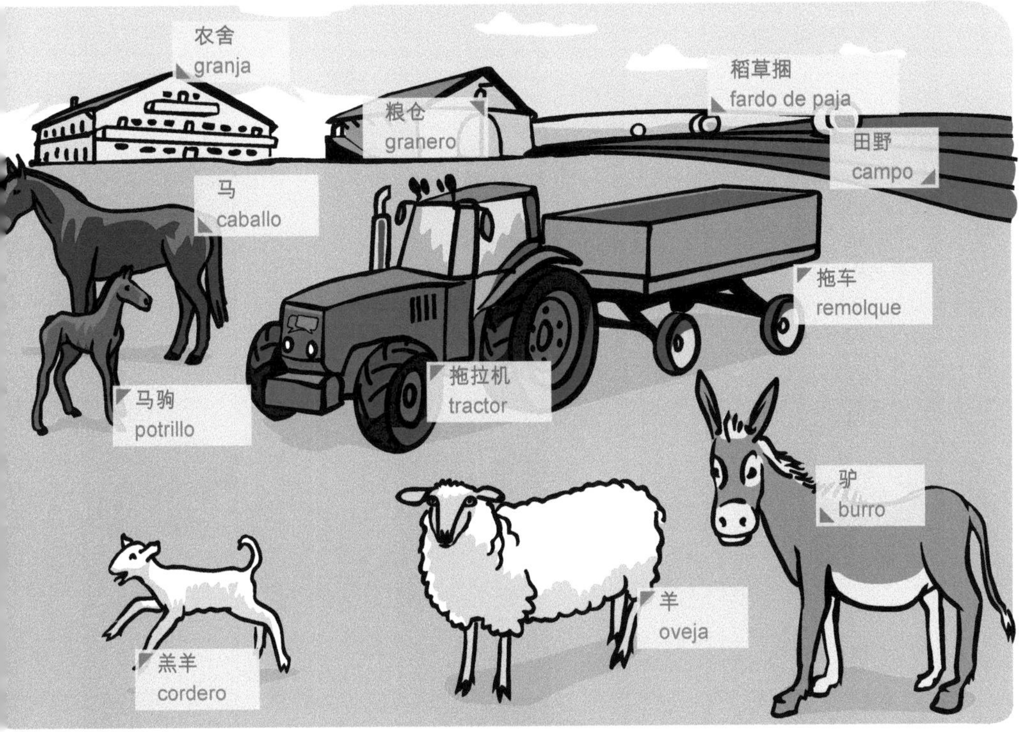

农舍
granja
稻草捆
fardo de paja
粮仓
granero
田野
campo
马
caballo
拖车
remolque
拖拉机
tractor
马驹
potrillo
驴
burro
羊
oveja
羔羊
cordero

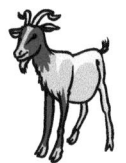

山羊

cabra

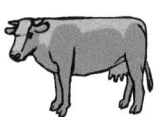

奶牛

vaca

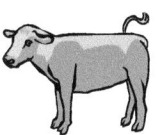

牛犊

ternero

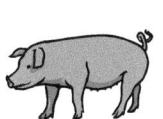

猪

cerdo

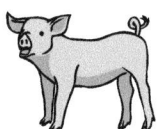

小猪

lechón

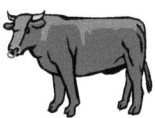

公牛

toro

鹅

ganso

鸭

pato

小鸡

pollo

母鸡

gallina

公鸡

gallo

鼠

rata

猫

gato

老鼠

ratón

牛

buey

狗

perro

狗屋

cucha

花园浇水软管

manguera

洒水壶

regadera

长柄大镰刀

guadaña

犁

arado

镰刀

hoz

锄头

azada

长柄草耙

horquilla

斧头

hacha

独轮手推车

carretilla

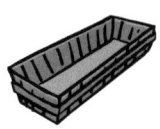

饲料槽

abrevadero

牛奶罐

lechera

麻布袋

bolsa

栅栏

reja

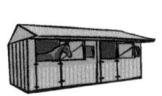

马厩

establo

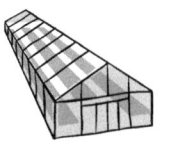

温室

invernadero

土壤

suelo

种子

semilla

肥料

fertilizador

联合收割机

cosechadora

收割

cosechar

收割

cosecha

山药

batatas

小麦

trigo

大豆

soja

土豆

papa

玉米

maíz

油菜籽

semilla de colza

果树

árbol frutal

树薯

mandioca

谷物

cereales

房子
casa

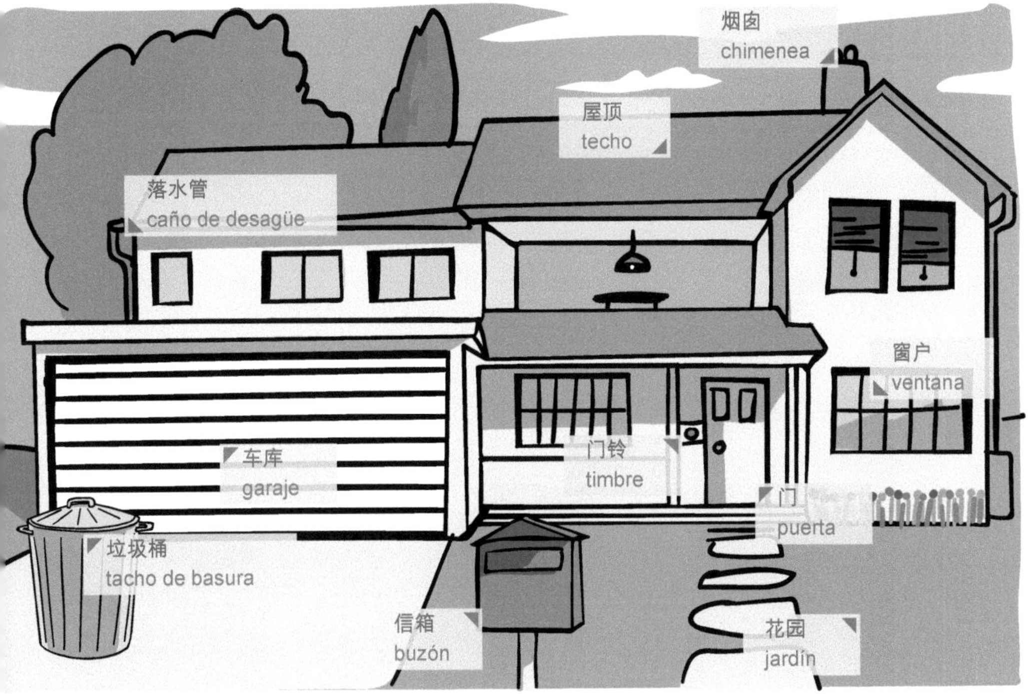
烟囱
chimenea
屋顶
techo
落水管
caño de desagüe
窗户
ventana
门铃
timbre
车库
garaje
门
puerta
垃圾桶
tacho de basura
信箱
buzón
花园
jardín

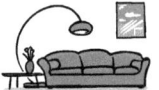

客厅

living

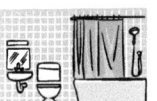

浴室

baño

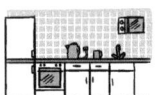

厨房

cocina

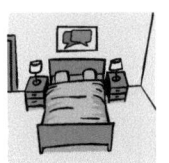

卧室

dormitorio

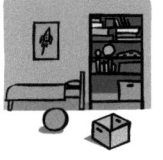

儿童房

cuarto de los chicos

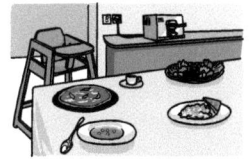

餐厅

comedor

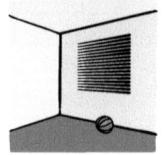

地板

piso

墙壁

pared

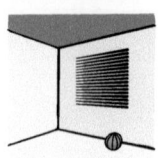

吊顶

cielorraso

地窖

sótano

桑拿

sauna

阳台

balcón

露台

terraza

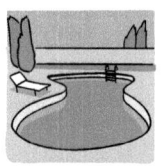

游泳池

pileta

割草机

cortadora de pasto

被单

sábana

床罩

acolchado

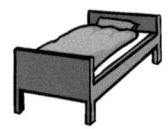

床

cama

扫帚

escoba

水桶

balde

开关

interruptor

客厅
living

壁纸
empapelado
照片
imagen
台灯
lámpara
搁架
estante
橱柜
armario
电视机
televisión
壁炉
chimenea
花
flor
垫子
almohadón
沙发
sofá
花瓶
florero
遥控器
control remoto

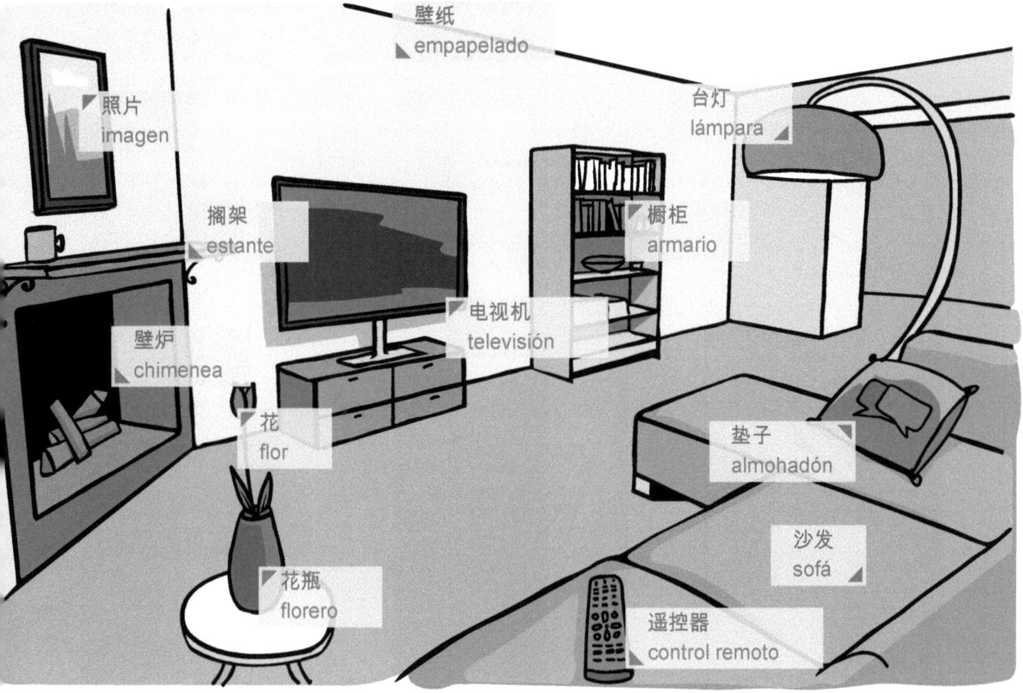

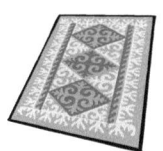

地毯

alfombra

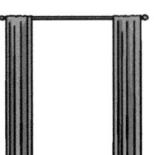

窗帘

cortina

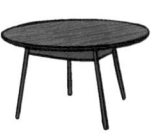

餐桌

mesa

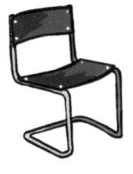

椅子

silla

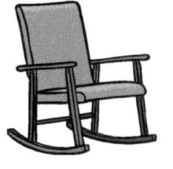

摇椅

mecedora

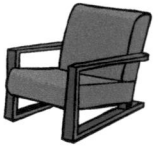

扶手椅

sillón

书

libro

毯子

frazada

装饰品

decoración

木柴

leña

电影

película

高保真音响

equipo de música

钥匙

llave

报纸

diario

油画

pintura

海报

póster

收音机

radio

笔记本

cuaderno

吸尘器

aspiradora

仙人掌

cactus

蜡烛

vela

厨房
cocina

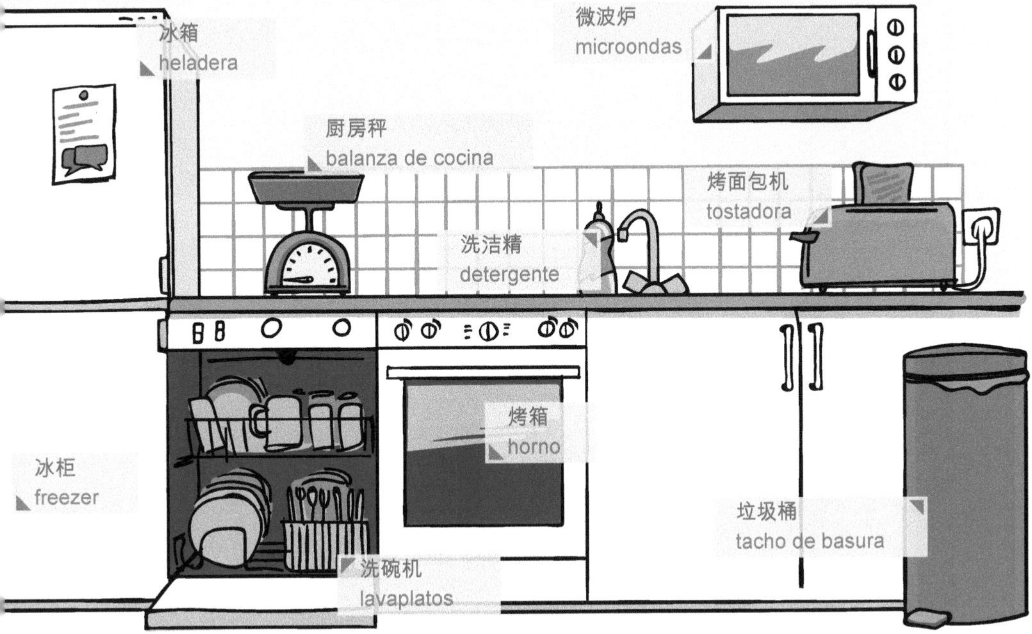

冰箱
heladera
微波炉
microondas
厨房秤
balanza de cocina
烤面包机
tostadora
洗洁精
detergente
烤箱
horno
冰柜
freezer
垃圾桶
tacho de basura
洗碗机
lavaplatos

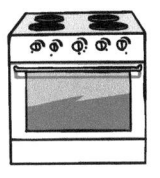

炊具

cocina

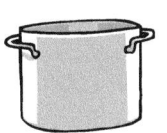

锅

olla

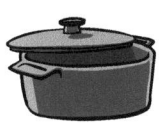

铸铁锅

olla de hierro fundido

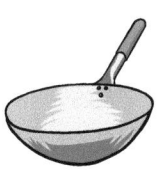

炒锅

wok

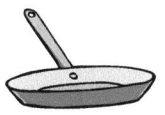

平底锅

sartén

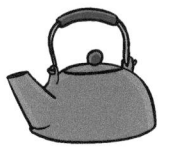

水壶

pava

蒸锅

vaporera

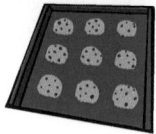

烤盘

bandeja de horno

陶瓷锅

vajilla

马克杯

taza

碗

bol

筷子

palitos

长柄勺

cucharón

铲子

estpátula

搅拌器

batidora

滤网

colador

筛子

colador

磨碎机

rallador

研钵

mortero

烧烤

parrilla

明火

fogata

菜板

tabla de picar

擀面杖

palo de amasar

罐子

lata

开罐器

abrelatas

开瓶器

sacacorchos

隔热手套

manopla

水槽

pileta

刷子

cepillo

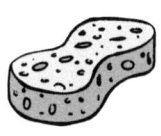

海绵

esponja

搅拌机

batidora

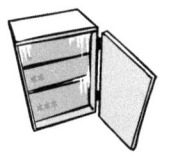

冷藏箱

congelador

奶瓶

mamadera

水龙头

canilla

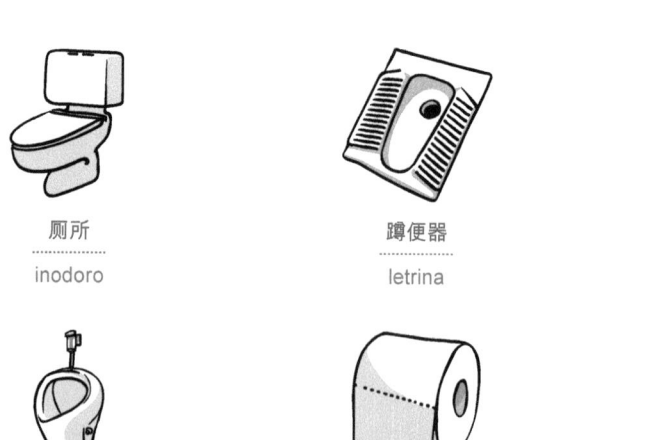

浴室

baño

淋浴
ducha
供暖设备
calefacción
毛巾
toalla
浴帘
cortina de ducha
泡沫浴
baño de espuma
浴缸
bañadera
玻璃杯
vaso
洗衣机
lavarropas
水龙头
canilla
瓷砖
baldosas
便壶
pelela
水槽
pileta

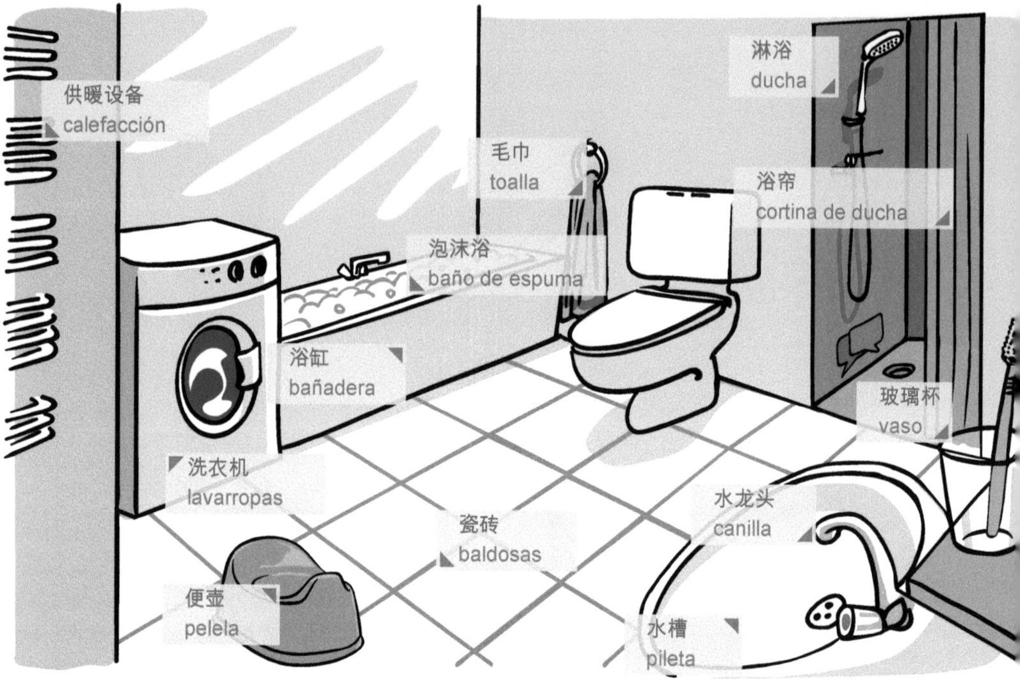

厕所

inodoro

蹲便器

letrina

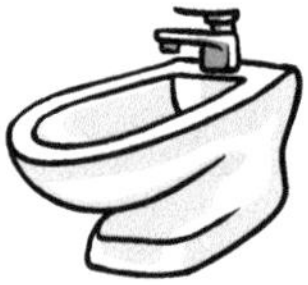

坐浴器

bidé

小便池

mingitorio

厕纸

papel higiénico

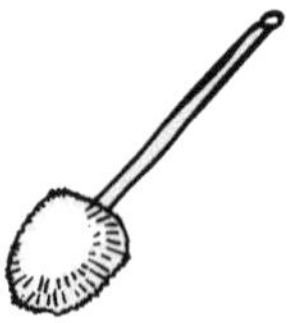

马桶刷

cepillo para el inodoro

牙刷

cepillo de dientes

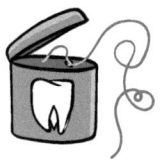

牙膏

dentífrico

牙线

hilo dental

洗

lavar

手持式喷淋头

ducha de mano

冲洗器

ducha higiénica

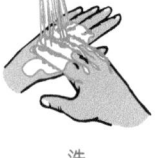

洗脸盆

palangana

擦背刷

cepillo para espalda

肥皂

jabón

沐浴露

gel de ducha

洗发水

shampoo

法兰绒

toallita

排水

desagüe

乳霜

crema

除臭剂

desodorante

镜子

espejo

手镜

espejito

剃须刀

maquinita de afeitar

剃须泡沫

espuma de afeitar

须后水

aftershave

梳子

peine

刷子

cepillo

吹风机

secador de pelo

喷发定型剂

spray

化妆品

maquillaje

唇膏

lápiz de labios

指甲油

esmalte para uñas

化妆棉

algodón

指甲剪

tijera para uñas

香水

perfume

洗漱包

portacosméticos

凳子

banqueta

计重秤

balanza

浴袍

bata

橡胶手套

guantes de goma

卫生棉条

tampón

卫生巾

toallita femenina

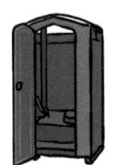

化学厕所

baño químico

儿童房

cuarto de los chicos

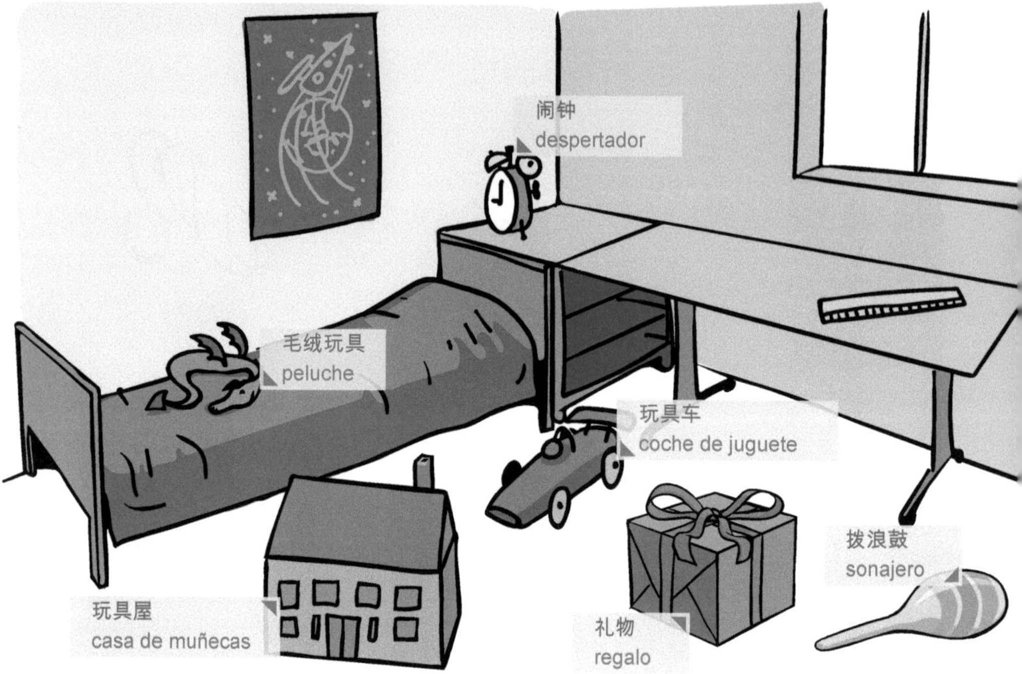

闹钟
despertador
毛绒玩具
peluche
玩具车
coche de juguete
拨浪鼓
sonajero
玩具屋
casa de muñecas
礼物
regalo

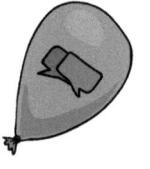

气球

globo

床

cama

（洋娃娃用）婴儿车

cochecito

扑克牌

cartas

拼图

rompecabezas

SUPER
MEGA

漫画

historieta

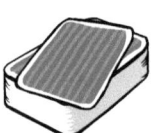

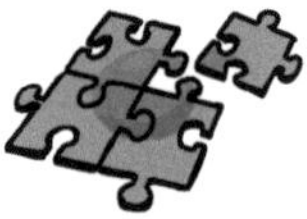

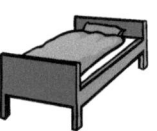

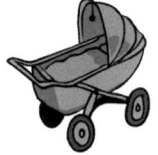

乐高积木

piezas de lego

积木玩具

ladrillos de juguete

玩具人

figura de acción

婴儿服

enterito (de bebé)

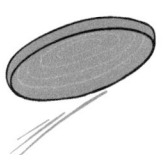

飞盘

frisbee

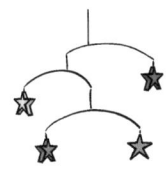

床铃玩具

móvil para bebés

棋盘游戏

juego de mesa

骰子

dados

火车模型

tren eléctrico

安抚奶嘴

chupete

聚会

fiesta

绘本

libro de cuentos ilustrado

球

pelota

洋娃娃

muñeca

玩

jugar

沙坑

arenero

秋千

hamaca

玩具

juguetes

游戏机

consola de videojuegos

三轮车

triciclo

泰迪熊

osito de peluche

衣柜

armario

衣服

ropa

袜子

medias

长袜

medias panty

紧身裤

calzas

围巾
bufanda

雨伞
paraguas

T恤
remera

皮带
cinturón

运动鞋
zapatillas

靴子
botas

拖鞋
pantuflas

凉鞋
sandalias

鞋
zapatos

雨靴
botas de goma

内裤
ropa interior

胸罩
corpiño

背心
chaleco

衣服 - ropa

身体
body

裤子
pantalones

牛仔裤
jeans

短裙
pollera

女式衬衫
blusa

衬衫
camisa

套头衫
pulóver

卫衣
buzo

西装夹克
blazer

夹克
campera

外套
tapado

雨衣
piloto

套装
traje

连衣裙
vestido

婚纱
vestido de novia

西装
traje

睡袍
camisón

睡衣
pijama

莎丽
sari

头巾
pañuelo para cabeza

包头巾
turbante

波卡
burka

卡夫坦
caftán

(阿拉伯式)长袍
abaya

泳衣
traje de baño

男式泳裤
short de baño

短裤
shorts

运动服
jogging

围裙
delantal

手套
guantes

纽扣
botón

眼镜
anteojos

手链
pulsera

项链
collar

戒指
anillo

耳环
aro

便帽
gorra

衣架
percha

帽子
sombrero

领带
corbata

拉链
cierre

头盔
casco

背带
tiradores

校服
uniforme escolar

制服
uniforme

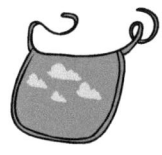

围兜

babero

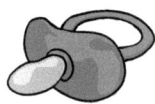

安抚奶嘴

chupete

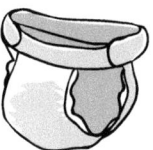

尿不湿

pañal

办公室
oficina

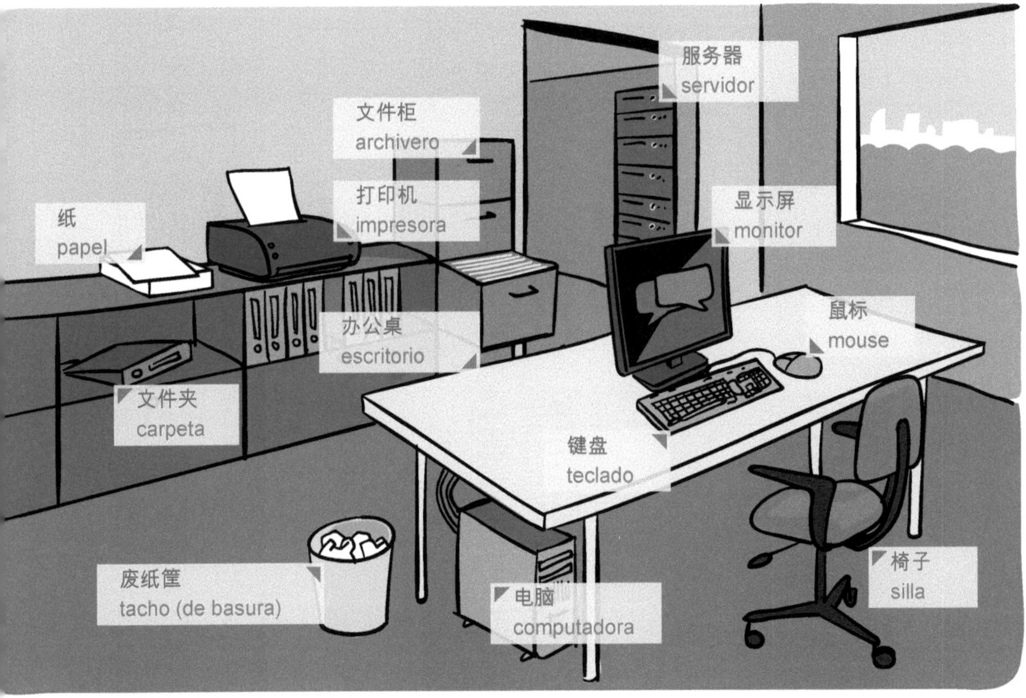

服务器
servidor
文件柜
archivero
打印机
impresora
纸
papel
显示屏
monitor
鼠标
mouse
办公桌
escritorio
文件夹
carpeta
键盘
teclado
废纸筐
tacho (de basura)
电脑
computadora
椅子
silla

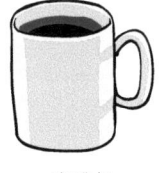

咖啡杯

taza de café

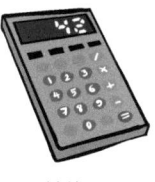

计算器

calculadora

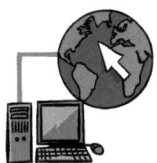

因特网

internet

笔记本电脑
laptop

信件
carta

消息
mensaje

手机
celular

网络
red

复印机
fotocopiadora

软件
software

电话
teléfono

插座
tomacorriente

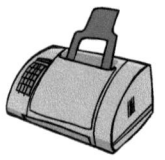

传真机
fax

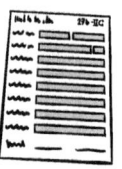

表格
formulario

文件
documento

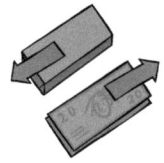

买

comprar

付钱

pagar

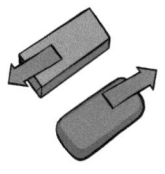

交易

hacer negocios

现金

dinero

USD

美元

dólar

EUR

欧元

euro

JPY

日元

yen

RUB

卢布

rublo

CHF

瑞士法郎

franco suizo

CNY

人民币

yuan

INR

卢比

rupia

提款处

cajero automático

外币兑换处

casa de cambio

金

oro

银

plata

石油

petróleo

能源

energía

价格

precio

合同

contrato

税金

impuesto

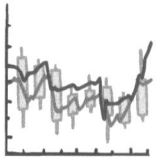

股票

acción

工作

trabajar

职员

empleado

老板

empleador

工厂

fábrica

商店

negocio

职业

ocupaciones

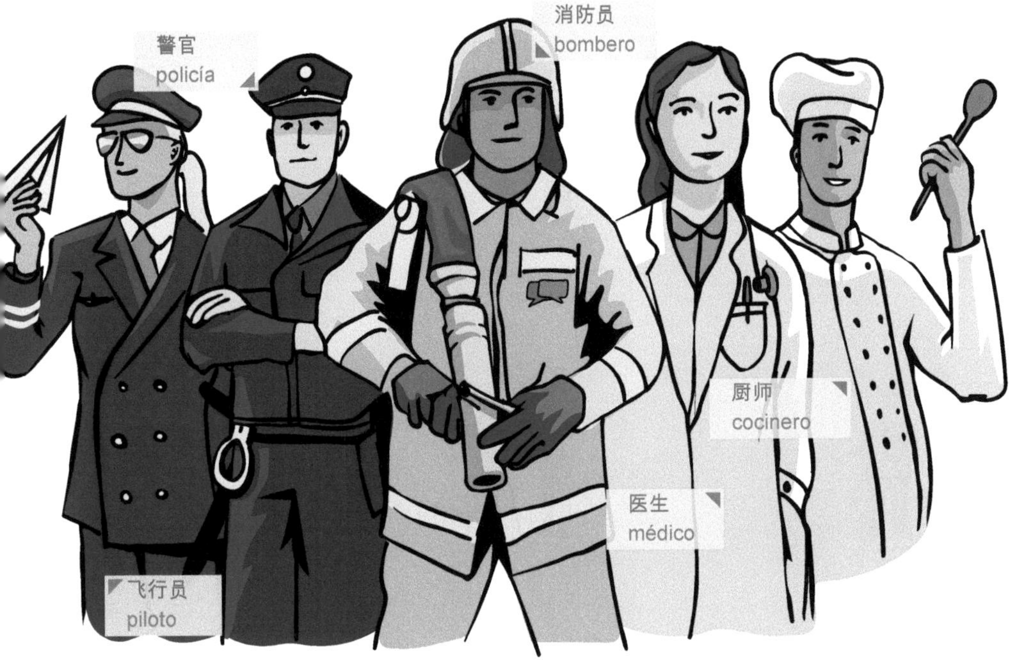
警官
policía
消防员
bombero
厨师
cocinero
医生
médico
飞行员
piloto

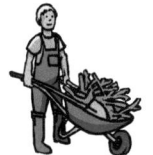

园丁

jardinero

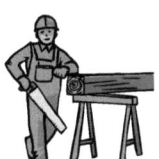

木匠

carpintero

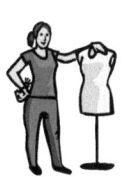

裁缝

modista

法官

juez

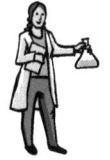

化学家

farmacéutico

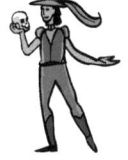

演员

actor

公交车司机

colectivero

出租车司机

taxista

渔夫

pescador

清洁女工

mucama

屋顶工

techista

服务员

mozo

猎人

cazador

画家

pintor

面包师

panadero

电工

electricista

建筑工人

albañil

工程师

ingeniero

屠夫

carnicero

水管工

plomero

邮递员

cartero

士兵
soldado

建筑师
arquitecto

收银员
cajero

花农
florista

理发师
peluquero

售票员
cobrador

机械师
mecánico

船长
capitán

牙医
dentista

科学家
científico

拉比
rabino

伊玛目
imán

和尚
monje

牧师
sacerdote

工具

herramientas

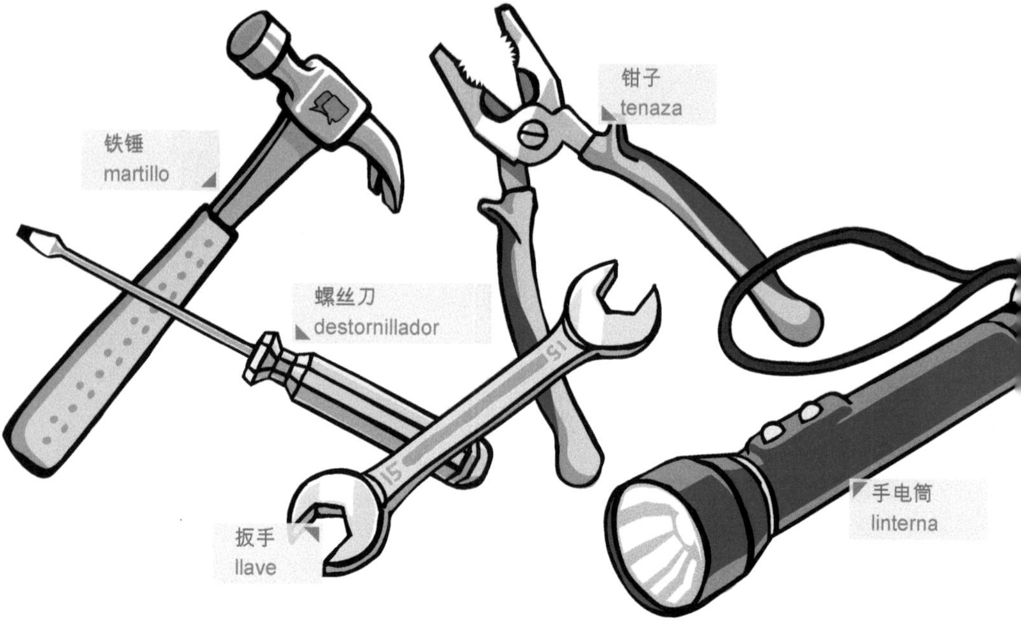
铁锤
martillo
钳子
tenaza
螺丝刀
destornillador
扳手
llave
手电筒
linterna

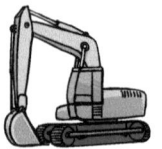

挖掘机

excavadora

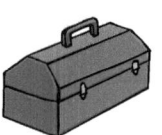

工具箱

caja de herramientas

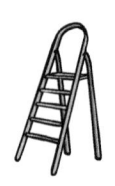

梯子

escalera portátil

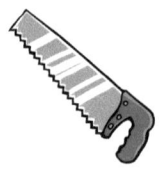

锯子

sierra

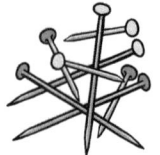

钉子

clavos

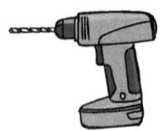

钻机

taladro

修
arreglar

铲子
pala de jardín

靠！
¡Qué bronca!

簸箕
pala de plástico

油漆桶
tacho de pintura

螺丝
tornillos

乐器
instrumentos musicales

扬声器
parlante

打击乐器
batería

吉他
guitarra

低音提琴
contrabajo

小号
trompeta

钢琴

piano

小提琴

violín

贝斯

bajo

定音鼓

timbales

鼓

tambor

电子琴

teclado

萨克斯管

saxofón

长笛

flauta

麦克风

micrófono

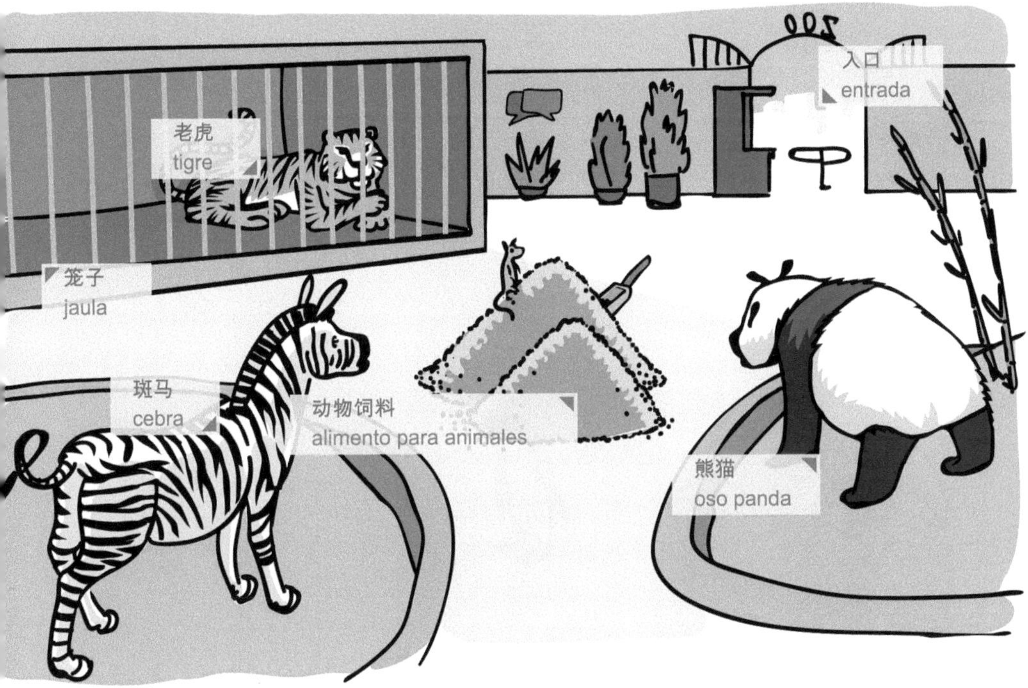

老虎
tigre

入口
entrada

笼子
jaula

斑马
cebra

动物饲料
alimento para animales

熊猫
oso panda

动物

animales

大象

elefante

袋鼠

canguro

犀牛

rinoceronte

大猩猩

gorila

熊

oso

骆驼

camello

鸵鸟

avestruz

狮子

león

猴子

mono

火烈鸟

flamenco

鹦鹉

loro

北极熊

oso polar

企鹅

pingüino

鲨鱼

tiburón

孔雀

pavo real

蛇

serpiente

鳄鱼

cocodrilo

动物园管理员

cuidador del zoológico

海豹

foca

美洲豹

jaguar

动物园 - zoológico

矮种马

poni

豹

leopardo

河马

hipopótamo

长颈鹿

jirafa

老鹰

águila

野猪

jabalí

鱼

pescado

龟

tortuga

海象

morsa

狐狸

zorro

羚羊

gacela

橙榄球
fútbol americano

骑自行车
ciclismo

网球
tenis

篮球
básquet

游泳
natación

拳击
boxeo

冰球
hockey sobre hielo

英式足球

fútbol

羽毛球

bádminton

田径

atletismo

手球

handball

滑雪

esquí

马球

polo

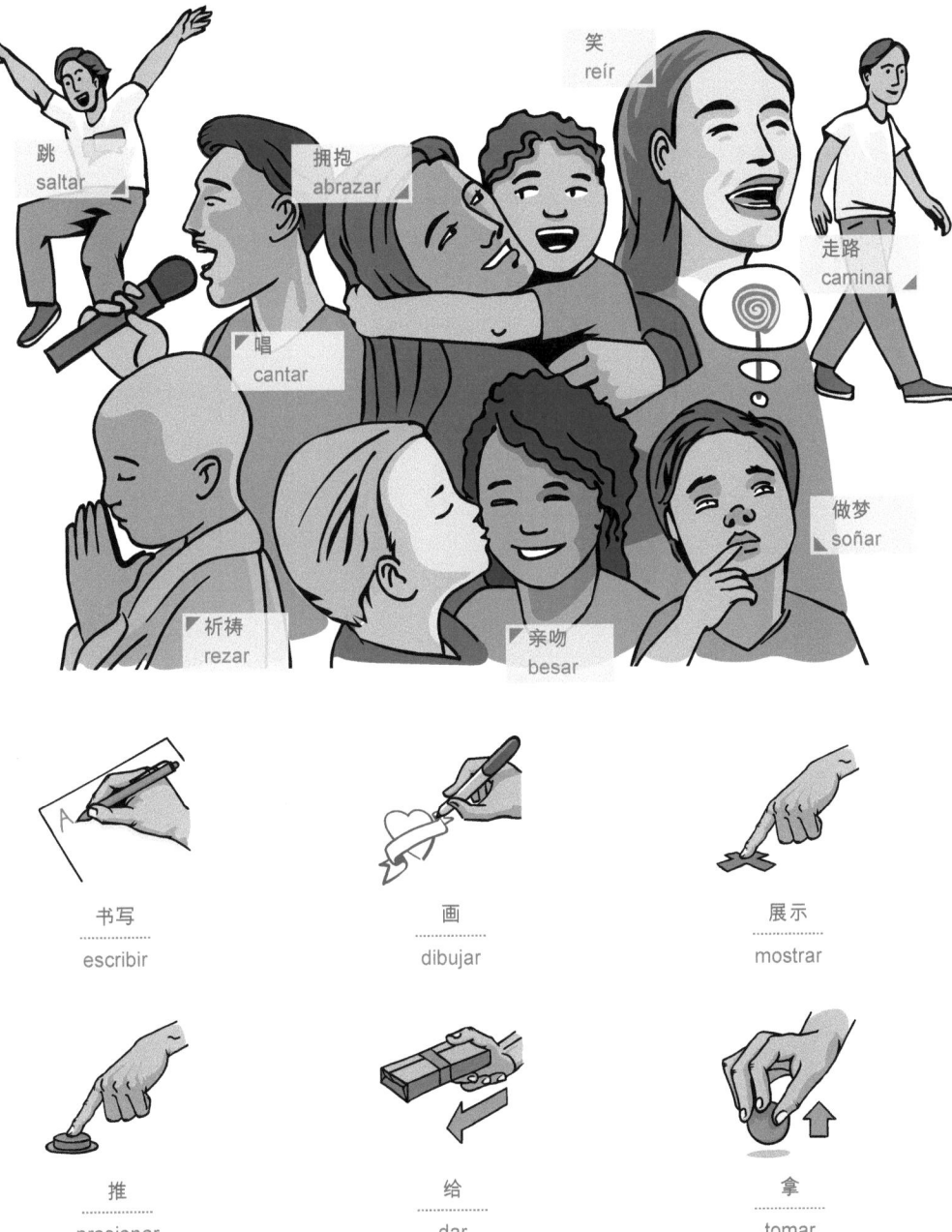

跳
saltar

拥抱
abrazar

笑
reír

走路
caminar

唱
cantar

祈祷
rezar

亲吻
besar

做梦
soñar

书写
escribir

画
dibujar

展示
mostrar

推
presionar

给
dar

拿
tomar

有
tener

做
hacer

当
ser

站
estar parado

跑
correr

拉
tirar

扔
tirar

摔倒
caer

躺
estar acostado

等待
esperar

携带
llevar

坐
estar sentado

穿衣
vestirse

睡觉
dormir

醒来
despertar

看
mirar

哭
llorar

抚摸
acariciar

梳头
peinar

交谈
hablar

明白
entender

问
preguntar

听
escuchar

喝
beber

吃
comer

清理
ordenar

爱
amar

做饭
cocinar

开车
manejar

飞
volar

活动 - actividades

航行

navegar

计算

calcular

读

leer

学习

aprender

工作

trabajar

结婚

casarse

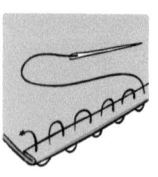

缝

coser

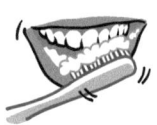

刷牙

cepillarse los dientes

杀

matar

抽烟

fumar

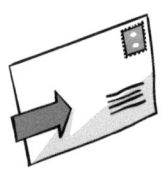

寄

enviar

家

familia

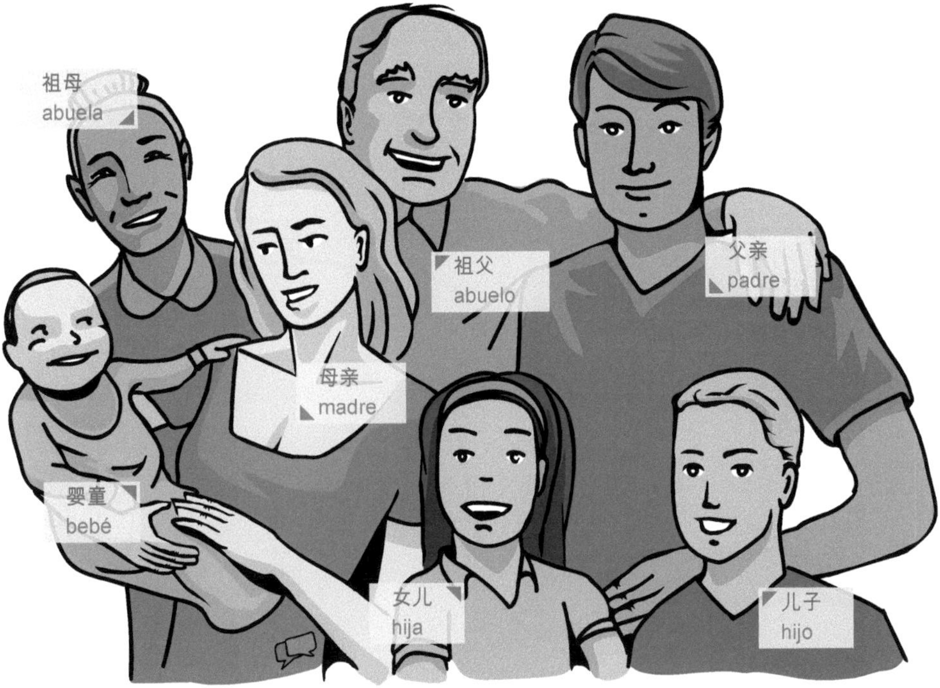

祖母
abuela
祖父
abuelo
父亲
padre
母亲
madre
婴童
bebé
女儿
hija
儿子
hijo

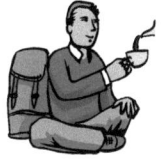

客人

invitado

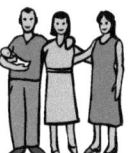

阿姨

tía

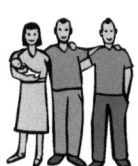

叔叔

tío

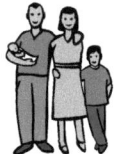

兄弟

hermano

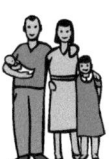

姐妹

hermana

身体

cuerpo

前额
frente
眼睛
ojo
肩膀
hombro
手指
dedo
脸
cara
下巴
pera
手
mano
腿
pierna
乳房
pecho
手臂
brazo

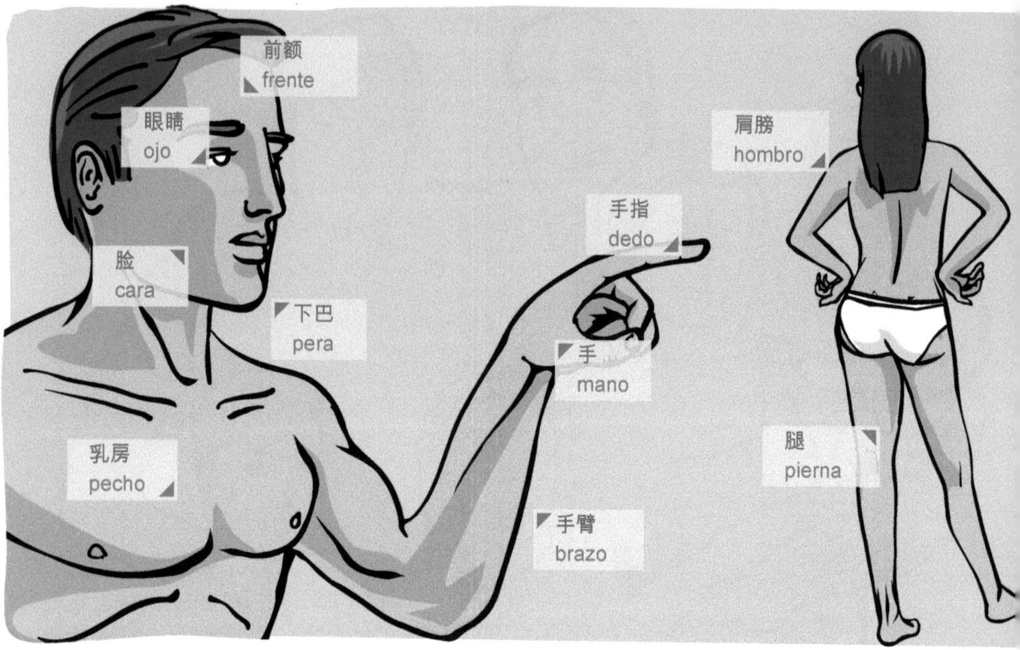

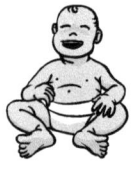

婴童

bebé

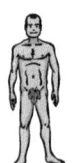

男人

hombre

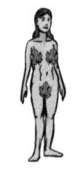

女人

mujer

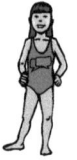

女孩

nena

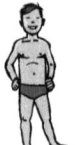

男孩

nene

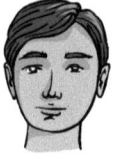

头

cabeza

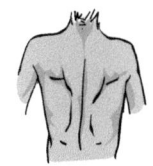

背部

espalda

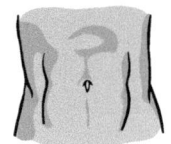

肚子

panza

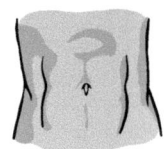

肚脐

ombligo

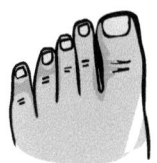

脚趾

dedo del pie

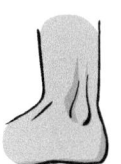

脚后跟

talón

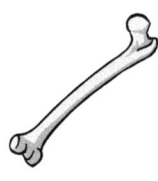

骨头

hueso

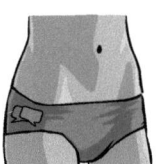

臀部

cadera

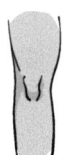

膝盖

rodilla

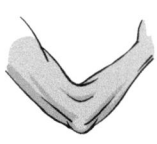

手肘

codo

鼻子

nariz

屁股

cola

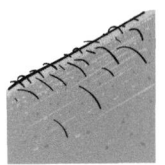

皮肤

piel

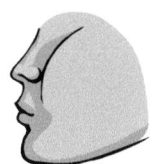

脸颊

cachete

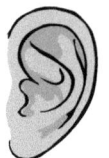

耳朵

oreja

嘴唇

labio

嘴

boca

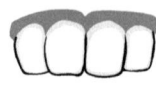

牙齿

diente

舌头

lengua

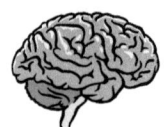

脑

cerebro

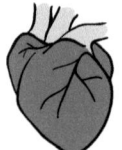

心脏

corazón

肌肉

músculo

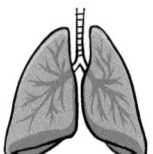

肺

pulmón

肝脏

hígado

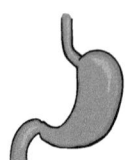

胃

estómago

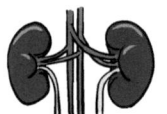

肾脏

riñones

性交

sexo

避孕套

preservativo

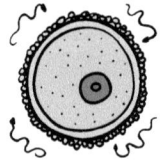

卵子

óvulo

精子

semen

怀孕

embarazo

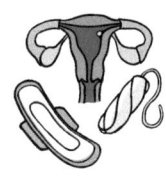

月经

menstruación

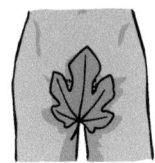

阴道

vagina

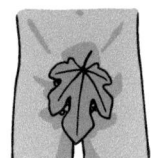

阴茎

pene

眉毛

ceja

头发

pelo

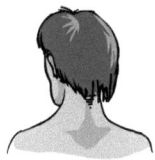

脖子

cuello

医院

hospital

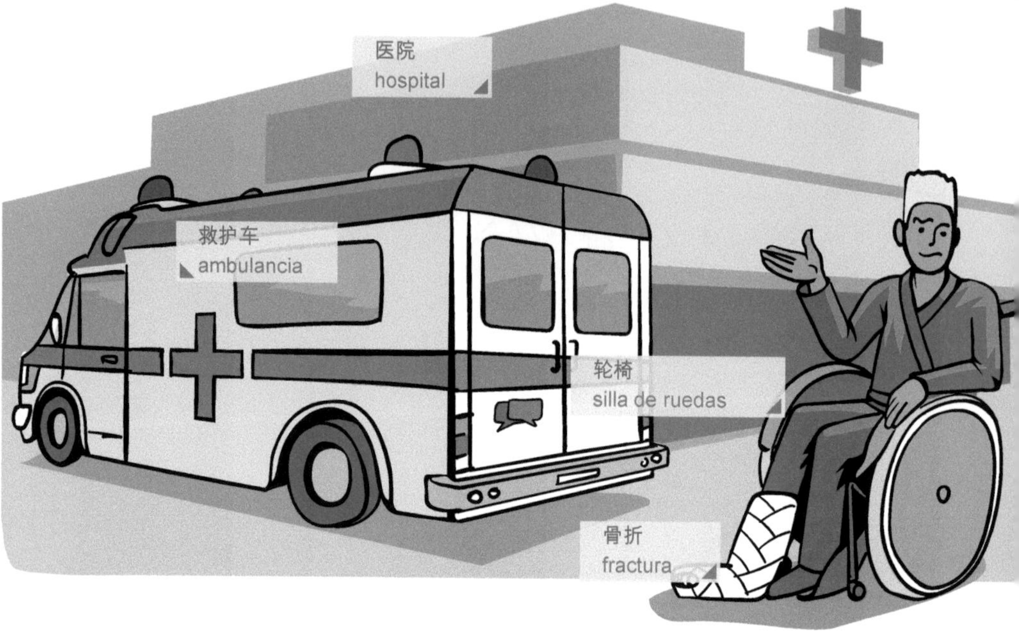

医院
hospital
救护车
ambulancia
轮椅
silla de ruedas
骨折
fractura

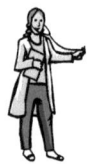

医生

médico

急诊室

sala de guardia

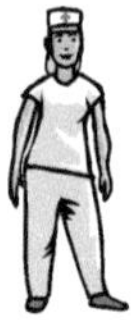

护士

enfermera

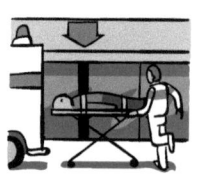

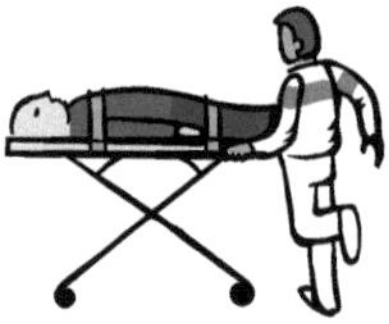

紧急情况

emergencia

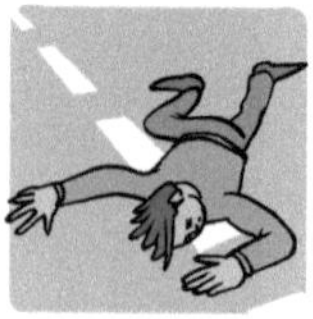

昏迷

inconsciente

痛

dolor

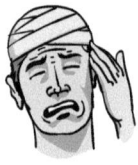

受伤

lesión

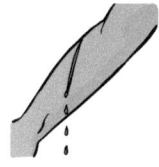

出血

hemorragia

心脏病发作

infarto

中风

ACV

过敏

alergia

咳嗽

tos

发烧

fiebre

流感

gripe

腹泻

diarrea

头痛

dolor de cabeza

癌症

cáncer

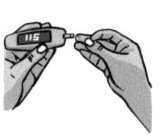

糖尿病

diabetes

外科医生

cirujano

手术刀

bisturí

手术

operación

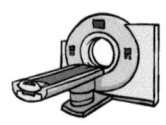

CT

TC

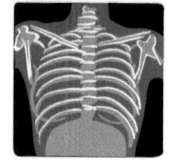

X光

rayos x

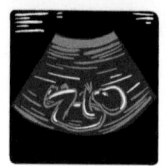

超声波

ecografía

口罩

barbijo

疾病

enfermedad

候诊室

sala de espera

拐杖

muleta

石膏

curita

绷带

venda

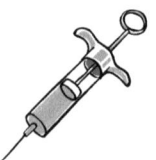

注射

inyección

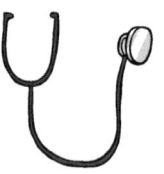

听诊器

estetoscopio

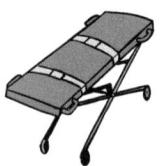

担架

camilla

体温计

termómetro

出生

nacimiento

超重

sobrepeso

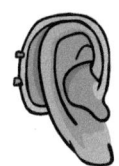

助听器

audífono

消毒液

desinfectante

感染

infección

病毒

virus

艾滋病

VIH / SIDA

药物

remedio

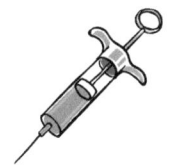

接种疫苗

vacunación

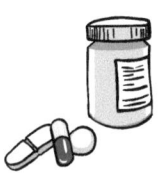

药片

comprimidos

药丸

pastilla anticonceptiva

急救电话

llamada de emergencia

血压计

tensiómetro

生病/健康

enfermo / sano

救命！

¡Ayuda!

警报

alarma

突击

agresión

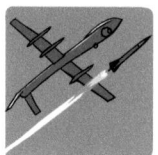

攻击

ataque

危险

peligro

紧急出口

salida de emergencia

着火啦！

¡Fuego!

灭火器

matafuego

意外

accidente

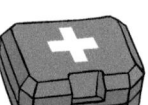

急救箱

botiquín de primeros
auxilios

呼救信号

SOS

警察

policía

欧洲

Europa

北美洲

América del Norte

南美洲

América del Sur

非洲

África

亚洲

Asia

澳洲

Australia

大西洋

Atlántico

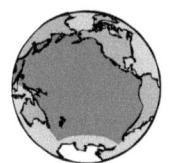

太平洋

Pacífico

印度洋

Océano Índico

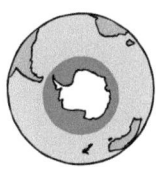

南冰洋

Océano Antártico

北冰洋

Océano Ártico

北极

polo norte

南极

polo sur

南极洲

Antártida

地球

Tierra

陆地

tierra

海

mar

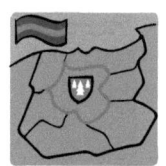

岛

isla

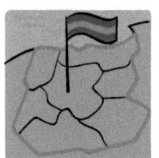

国家

nación

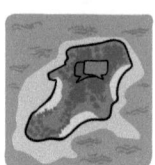

国家

estado

钟面

esfera

时针

manecilla de las horas

分针

minutero

秒针

segundero

现在几点？

¿Qué hora es?

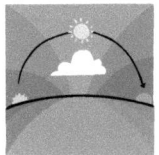

天

día

时间

hora

现在

ahora

电子表

reloj digital

分

minuto

时

hora

周

semana

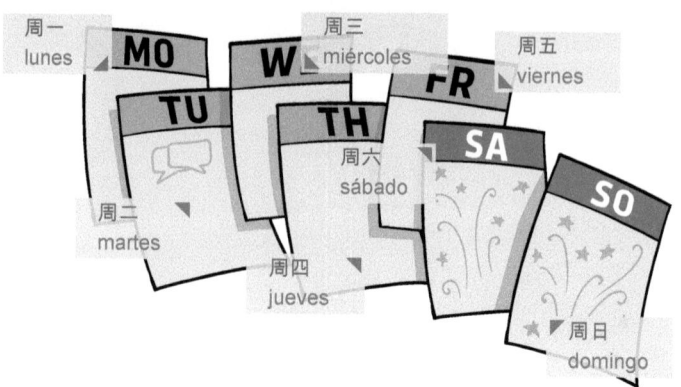

周一 lunes
周三 miércoles
周五 viernes
周二 martes
周六 sábado
周四 jueves
周日 domingo

昨天

ayer

今天

hoy

明天

mañana

早晨

mañana

中午

mediodía

晚上

tarde

工作日

días hábiles

周末

fin de semana

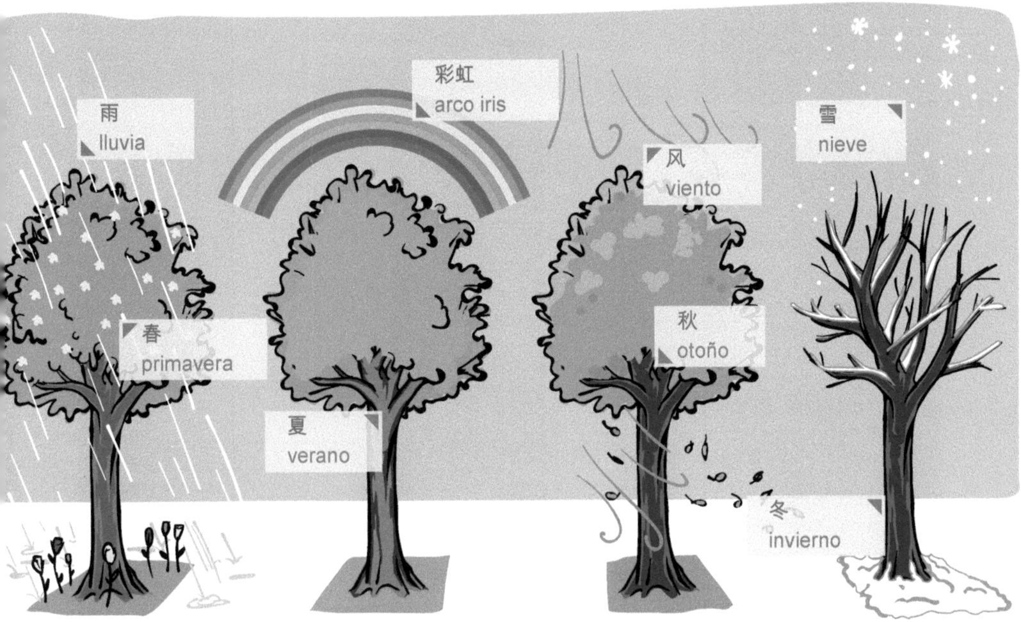

彩虹
arco iris
雨
lluvia
风
viento
雪
nieve
春
primavera
秋
otoño
夏
verano
冬
invierno

4.APRIL 11°
5.APRIL 4°
6.APRIL 13°
7.APRIL 8°
8.APRIL 10°

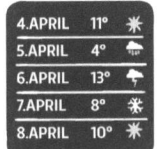

天气预报

pronóstico meteorológico

F C
120 40
90 30
60 20
30 10
0 0
-30 -10
-20

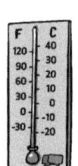

温度计

termómetro

阳光

luz del sol

云

nube

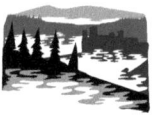

雾

niebla

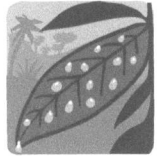

潮湿

humedad

闪电

rayo

打雷

trueno

风暴

tormenta

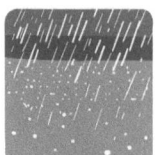

冰雹

granizo

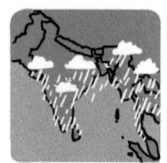

季风

monzón

洪水

inundación

冰

hielo

一月

enero

二月

febrero

三月

marzo

四月

abril

五月

mayo

六月

junio

七月

julio

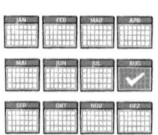

八月

agosto

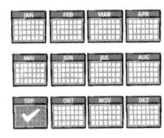

九月
....
septiembre

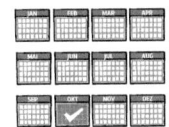

十月
....
octubre

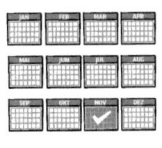

十一月
....
noviembre

十二月
....
diciembre

形状
formas

圆形
....
círculo

正方形
....
cuadrado

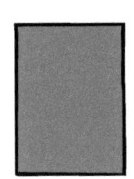

长方形
....
rectángulo

三角形
....
triángulo

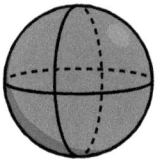

球体
....
esfera

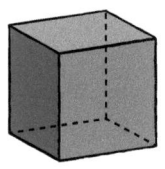

立方体
....
cubo

白

blanco

黄

amarillo

橙

naranja

粉

rosa

红

rojo

紫

violeta

蓝

azul

绿

verde

棕

marrón

灰

gris

黑

negro

很多/少许

mucho / poco

生气/平静

enojado / tranquilo

美/丑

lindo / feo

首/尾

principio / fin

大/小

grande / chico

明/暗

claro / oscuro

兄弟/姐妹

hermano / hermana

干净/肮脏

limpio / sucio

完整/缺失

completo / incompleto

白天/晚上

día / noche

死/生

muerto / vivo

宽/窄

ancho / angosto

可食用/非食用

comestible / no comestible

邪恶/善良

malo / amable

兴奋/无聊

entusiasmado / aburrido

胖/瘦

gordo / flaco

第一/最后

primero / último

朋友/敌人

amigo / enemigo

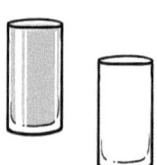

满/空

lleno / vacío

硬/软

duro / blando

重/轻

pesado / liviano

饿/渴

hambre / sed

生病/健康

enfermo / sano

非法/合法

ilegal / legal

聪明/愚笨

inteligente / estúpido

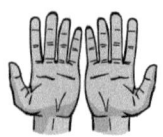

左/右

izquierda / derecha

近/远

cerca / lejos

新/旧

nuevo / usado

没有/有些

nada / algo

老/幼

viejo / joven

开/关

encendido / apagado

打开/合上

abierto / cerrado

安静/吵闹

silencioso / ruidoso

富/穷

rico / pobre

对/错

correcto / incorrecto

粗糙/光滑

áspero / suave

伤心/高兴

triste / contento

短/长

corto / largo

慢/快

lento / rápido

湿/干

mojado / seco

温暖/凉爽

caliente / frío

战争/和平

guerra / paz

0

零

cero

1

一

uno

2

二

dos

3

三

tres

4

四

cuatro

5

五

cinco

6

六

seis

7

七

siete

8

八

ocho

9

九

nueve

10

十

diez

11

十一

once

12
十二
doce

13
十三
trece

14
十四
catorce

15
十五
quince

16
十六
dieciséis

17
十七
diecisiete

18
十八
dieciocho

19
十九
diecinueve

20
二十
veinte

100
百
cien

1.000
千
mil

1.000.000
百万
millón

英语

inglés

美式英语

inglés americano

普通话

chino mandarín

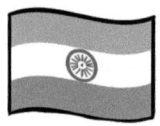

印地语

hindi

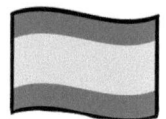

西班牙语

español

法语

francés

阿拉伯语

árabe

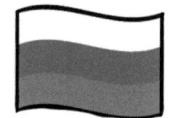

俄语

ruso

葡萄牙语

portugués

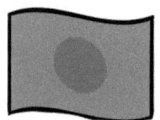

孟加拉语

bengalí

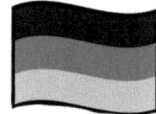

德语

alemán

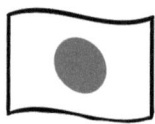

日语

japonés

我

yo

你

vos

他/她/它

él / ella

我们

nosotros

你们

ustedes

他们

ellos

谁？

¿quién?

什么？

¿qué?

怎样？

¿cómo?

哪里？

¿dónde?

什么时候？

¿cuándo?

名字

nombre

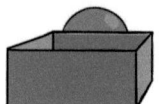

后面

detrás

里面

en

前面

adelante de

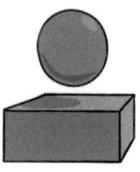

上方

por encima de

上面

sobre

下面

debajo de

旁边

al lado de

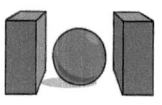

中间

entre

地点

lugar